LÉON FAUTRAT

SENLIS

1870-1914

SENLIS

IMPRIMERIE E. VIGNON FILS

1915

Léon FAUTRAT

SENLIS

1870-1914

SENLIS

IMPRIMERIE E. VIGNON FILS

1915

Senlis, 1870-1914

Septembre 1870 et septembre 1914, les deux mois, à quarante-quatre ans de distance, auront laissé dans l'histoire locale de Senlis deux dates inoubliables. C'est le 15 septembre 1870 que l'ennemi vint à Senlis, par la vallée de l'Oise, deux mois après la déclaration de guerre.

Le 24 août, le Prince Impérial avait ramassé des balles à Sarrebruck. Woerth et Forbach avaient suivi.

Le désastre de Sedan était survenu le 2 septembre et les troupes de Mac-Mahon regagnaient Paris dans un état de triste dislocation.

Les événements se précipitaient.

Le 4 septembre, l'Empire tombé à Sedan voyait sa déchéance. Victor-Hugo parlait au peuple de fraternité, et tout autour de Paris les troupes rejoignaient les centres indiqués.

A Senlis, le dépôt du 6ᵉ Hussards se mettait en marche. Le jour du départ, un punch lui était offert au Café « Cher-Ami ». La brigade de gendarmerie se repliait. Le général Colombiers s'installait à Senlis, au « Grand-Cerf », attendant sa brigade.

Le 14 septembre, à dix heures du matin, des uhlans arrivaient à Senlis. Un peu après, le duc de Mecklembourg, commandant la 6ᵉ division, faisait son entrée dans la ville avec 4.000 hommes et 1.500 chevaux. Le duc était en voiture, sa tête recouverte d'un bandeau, son bras en écharpe. Les débris de la citadelle de Laon, qu'un garde du génie avait fait sauter, l'avaient frappé. Il donna l'ordre au Maire, venu au devant de lui, d'accompagner sa voiture.

Les troupes s'emparèrent de la gare.

Le 30 septembre, les Saxons tinrent garnison à Senlis avec un escadron de hussards du Brandebourg. Ils firent publier de porter les armes à la Mairie, et M. Delatour fut nommé gardien responsable des tabacs.

La prise de possession de la ville fut relativement peu mouvementée, mais le serrement étreignait les cœurs restés à leur devoir. Ils n'étaient pas nombreux : le Sous-Préfet, le marquis d'Auray, le procureur M. de Maintenant, et le juge M. François de la Haye. Les services des finances s'étaient émiettés. L'archiprêtre, M. Laurent, cet homme simple, était resté à la tête de son troupeau.

L'autorité allemande, dans la ville ouverte, allait s'exercer par les mains des Glæser, des sous-Glæser, des Mantteufel, des Schwartskopen, du prince de Lippe, pendant les treize mois que dura l'occupation.

L'avant-guerre avait eu ses tenants. Un sieur Glæser, ingénieur des disques, qui, par ses fonctions, depuis dix ans explorait toutes les voies, était un espion notoire. Chaque soir, le Boche déguisé descendait au boulevard Magenta pour rendre compte, au réseau d'espionnage, de tous les faits relevés par sa félonie. Il vint à Senlis, chamarré de galons, se prélassant dans son grade, en instrumentant de la façon la plus éhontée. A un moment donné, d'honorables citoyens furent contraints de monter sur la locomotive dans le parcours de Senlis à Crépy. Cette vexation fut rachetée par une rançon de 10.000 francs. Le bon de rachat fut signé par von der Goltz, aujourd'hui commandant les forces turques.

La petite vérole noire vint s'ajouter aux malheurs publics. Place Henri-IV, les morts succédaient aux morts. Des journées d'effervescence eurent aussi lieu à Senlis. Le drapeau rouge fut déployé sans résultat.

Il y eut, à Senlis, des arrestations provoquées par Glæser, des ôtages mis en avant des hordes ; mais les souvenirs, depuis un demi-siècle, en demeurent effacés. Un trait seulement est à retenir. Au départ des Allemands, dans une maison occupée, l'ennemi, en se retirant, chargea un poêle de poudre et de cartouches. Sans un fait providentiel la maison eût sauté quand elle fut reprise pour être habitée.

On retrouve là la manière boche que quarante années plus tard les barbares allaient mettre en œuvre après le combat de Senlis.

Les survivants de 1870 sont rares. Sur quelques poitrines est épinglée la médaille commémorative. De jeunes générations se sont formées. Il leur était réservé de voir une autre guerre, guerre de race, remuant toute l'Europe, et de laquelle l'épée de la France sortira victorieuse, pour la cause du droit et de la civilisation.

Dans cette immense lutte, Senlis aura eu sa journée. La bataille de Senlis, le meurtre, le carnage forment l'entrée en scène du terrible drame qui s'est joué dans les lieux mêmes où en 1431 Jeanne d'Arc prit position contre les troupes du duc de Bedford.

La bataille de Senlis, qui fut livrée le 2 septembre 1914, a été des plus complexes. Ses différentes phases montrent bien que les actes de barbarie commis, ne furent qu'un système mis en pratique pour semer la terreur et ajouter aux impressions de l'action l'horreur de crimes destinés à donner l'épouvante. Un officier d'artillerie, ayant pris part à la bataille, disait il y a quelques semaines, à Amiens, sur son lit d'hôpital : « La bataille de Senlis a été le déclanchement de la victoire de la Marne ». Ces paroles lumineuses jettent un jour sur les événements dont le récit va suivre.

Trois parties sont bien distinctes dans cette bataille :

1° Le combat d'artillerie;

2° Le bombardement de la ville;

3° La lutte contre les corps de l'armée exécutant un mouvement, au sud-est de Senlis, vers Nanteuil et Dammartin.

I. — COMBAT D'ARTILLERIE

Le mouvement ordonné pour faire refluer les troupes du côté de la Marne avait commencé le 1er septembre dans la journée.

Les troupes françaises et anglaises avaient passé l'Oise à Verberie. Les effectifs anglais occupaient Rully dans la journée.

Des troupes de différentes armes, effectifs marocains, chasseurs alpins, dragons, cuirassiers, avaient pris, le 1er septembre, leurs cantonnements à Chamant, au Plessis-Chamant, dans la ferme de Balagny (moitié ferme, moitié gentilhommière), où Grotius, par ironie du destin, composa son traité *De jure belli* que les Boches allaient violer dans leur scène de carnage. Dans cette demeure passèrent la nuit des groupes du 13e et du 32e d'artillerie.

Ces deux groupes livrèrent un combat acharné contre les feux de Montépilloy, point culminant de la plaine, dominant tout l'espace et formant le centre du secteur dans lequel le grand combat allait se livrer.

Les batteries d'artillerie avaient été ainsi disposées :

Deux batteries du 13e entre la route de Senlis à Crépy et Balagny ;

Deux batteries du 32e également entre la route et la ferme de Balagny ;

Une batterie à la croix de Villemétrie ;

Une autre du 40e régiment, au nord du château de la Victoire, sur la colline de Montlévêque ;

Trois batteries échelonnées sur la route de Montlévêque jusqu'à la rencontre de la route de Fontaine-les-Cornus ;

(Le livre-journal du sous-lieutenant Croiset, qui fut tué le 15 septembre, donne sur la marche de son régiment des renseignements très intéressants. Il part des Hauts-de-Meuse. Le 25 août, il passe à Saint-Mihiel, Chalons-sur-Marne, Reims, Compiègne. Le 30 août, il arrive à Hémévillers, Gournay-sur-Aronde, Meuvillers. Le 31 août, il est à Catenoy ; il en part par alerte pour Saint-Nicolas-d'Acy. Il traverse Verderonne, Liancourt, Moyenneville, Monchy-Saint-Éloi, Nogent-les-Vierges, Creil. Derrière lui, on fait sauter les ponts. Le 2 septembre, nouvelle alerte et départ ; on tourne Senlis par le sud. On se met en batterie au nord du château de la Victoire. On ne sait où tirer.)

Plus de trente pièces du " 75 " se dressaient sur la ligne défensive, formant de Chamant à la route de Fontaine le périmètre du secteur.

En regard de cette ligne concentrique, vingt-six pièces

d'artillerie allemande, mises en batterie sur le versant est de la colline de Montépilloy, formaient l'offensive.

Le général allemand, venu prendre possession de Montépilloy, le trouvant occupé, avait dit : « Une grande bataille va se livrer dans la plaine de Senlis. Mon artillerie comptera cent cinquante pièces de canon. Ne restez pas ici. Faites le vide dans le village ».

Cette réflexion parait utile à noter, parce que le grand combat n'eut pas lieu, et, à l'honneur de notre armée, les troupes françaises purent, tout en combattant toute la journée du 2 septembre, faire le mouvement qui les conduisait au sud-est, du côté de la Marne, où se formaient les contingents de la victoire.

Passons en revue le combat d'artillerie.

Dans la section de Balagny, un témoin oculaire nous donne le récit des faits. Il s'exprime ainsi :

« Je me fais un devoir de vous raconter ce que j'ai vu de l'engagement de Senlis, où mon cher capitaine Faucillon a trouvé la mort.

« C'est en même temps une consolation pour moi de vous apprendre les circonstances glorieuses au milieu desquelles il est tombé à son poste et comment il a su donner, aux dépens de sa vie, un admirable exemple de courage et d'énergie.

« Depuis le départ de Fontainebleau, le 11 août, le capitaine Faucillon commandait la 26e batterie du 32e d'artillerie, qui était rattaché à la 56e division de réserve. A la fin d'août, la batterie avait été transportée par chemin de fer et débarquée au sud de Montdidier, elle revenait de Woëvre, où le 25 août elle avait participé avec succès au combat de Bogy. Depuis trois jours on battait en retraite sans combattre, lorsque le 1er septembre, arrivant de Creil, nous traversâmes Senlis pour remonter vers Compiègne où l'on entendait le bruit d'une violente canonnade et d'où refluaient les colonnes de l'armée anglaise. Pendant tout l'après-midi on demeura dans l'attente, et le soir on prit des cantonnements au village de Plessis-Chamant. Ce soir-là, le capitaine se montrait attristé de voir la retraite continuer sans arrêt et de se trouver si près de Paris.

Il nous disait aussi son espoir de voir se produire un engagement.

« Le 2 septembre on se leva avant le jour et on fit atteler rapidement ; dès le lever du soleil on se mit en route dans la direction de Senlis, on traversa la ville à nouveau pour déboucher dans la grande plaine qui s'étend entre la route de Crépy-en-Valois et la ligne de chemin de fer : c'est dans cet espace à peine ondulé que notre batterie évolua toute la journée. Après un stationnement auprès de la gare et tandis que les aéroplanes allemands nous survolaient déjà, les batteries se dispersèrent pour prendre leurs positions.

« La 26e batterie se plaça auprès d'une ligne de peupliers le long de la voie ferrée, mais peu après elle effectua un changement de position et vint se ranger auprès des arbres de la grand'route, masquée par une mince rangée de pommiers en oblique sur la route, à environ deux kilomètres de Senlis.

« Le capitaine, avec son brigadier téléphoniste et ses servants, avait établi son poste d'observation au milieu des pommiers. Il devait être à ce moment dix heures, le soleil commençait à chauffer, mais aucun signe de combat ne s'était encore manifesté. Devant nous et du côté de Montépilloy s'étendaient les tirailleurs de la brigade marocaine ; le groupe du 25e d'artillerie avait pris position au sud de la voie ferrée, nous l'avons entendu tirer sans jamais les voir.

« Les aéroplanes allemands n'avaient pas cessé leurs évolutions au-dessus de la plaine ; à plusieurs reprises l'un d'eux tournoya au-dessus de nous et nous repéra au moyen d'une fusée. Le feu s'ouvrit peu après ; tandis que les Allemands nous accablaient de shrapnells, nous répondions de notre mieux par des rafales violentes. Les batteries ennemies étaient situées derrière le village de Montépilloy ; on voyait même des observateurs se montrer au haut du clocher d'où l'on découvrait sans doute toute la plaine.

« A un moment donné, un général que l'on m'a dit être le général Ditte, vint constater la bonne tenue de la batterie. Mais vers onze heures, les choses s'aggravèrent : les shrapnells avaient cessé et l'on commençait à recevoir de gros obus à fumée noire qui éclataient avec fracas et avec lesquels on faisait connaissance pour la première fois. Bientôt la rangée de pommiers est couverte de projectiles arrivant par groupe de six et de douze, elle disparaît dans la fumée ; le fil du téléphone est cassé, de gros peupliers sont abattus. Cependant le capitaine et ses hommes demeuraient immobiles et la batterie recevait régulièrement les ordres de tir ; en ce moment critique où il était le point de mire de deux batteries d'obusiers allemands, le capitaine mettait un point d'honneur à ne pas quitter un poste qu'il avait choisi et estimait être encore le meilleur pour observer.

« Vers onze heures et demie, une terrible rafale survint, les commandements cessèrent ; à la batterie on crut que le capitaine avait été touché, le lieutenant Lecompte se porta sous le feu auprès de lui : le capitaine, étendu par terre à côté de son bouclier, avait la cuisse gauche presque arrachée par un éclat d'obus ; à côté de lui gisaient le brigadier téléphoniste, mort en tenant son écouteur à l'oreille, et un peu plus loin le servant Martin ; le même projectile les avait atteint tous les trois. Le capitaine avait conservé un souffle de vie ; il put encore dire quelques mots au lieutenant Lecompte, lui parler de sa femme, lui exprimer qu'il désirait être enterré au cimetière de Senlis.

« Le lieutenant avait pris le commandement, bientôt arriva l'ordre d'amener les avant-trains : il était près de midi et nous avions eu pour mission de tenir jusqu'à midi.

« On eut la chance d'évacuer la position sans dommage ; la batterie partit sous les ordres du maréchal des logis chef ; il fallut transporter notre capitaine sur une civière jusqu'à Senlis. Avec les infirmiers et quelques hommes, j'aidai le lieutenant Lecompte dans cette tâche ; le capitaine vivait faiblement, il m'avait reconnu, mais pendant le transport, épuisé par la perte de sang, il expira.

« On arriva à Senlis au moment où le bombardement de la ville commençait, de fortes colonnes d'infanterie s'écoulaient à travers les rues et les encombraient. Notre petit groupe parvint enfin à l'hospice où le corps du capitaine fut confié à la Mère supérieure ; là il nous fallut lui dire adieu et l'abandonner : tout ce que nous avions pu faire avait été de le remettre en des mains sûres.

« La retraite continuait au dehors sur la grand'route; au sortir de la ville, deux mitrailleuses avaient été disposées de chaque côté de la route pour prévenir un coup de main. Ce soir-là, le groupe du 32ᵉ prit le bivouac d'alerte à La Chapelle-en-Serval ».

Aux sections de Villemétrie et de Montlévêque, les bombes et les boulets pleuvaient de Montépilloy. Dans leur trajectoire, ils passent au-dessus de Montlévêque. La plus grande partie du village s'est réfugiée au château, chez le maire, M. de Pontalba. Le Maire conserve le plus grand sang-froid. Il reçoit ses hôtes, les conduit à l'abri et demeure dans tout le combat, impassible, circulant partout où il juge sa présence utile et raffermissant les courages que pouvait émousser la mitraille. C'est, au-dessus du village, un feu roulant de projectiles. Le Maire, avec la plus grande simplicité, sut faire tout son devoir.

Aux sections de la route de Montlévêque à Chaâlis, les feux de Montépilloy envoient des boulets qui ne font pas taire nos batteries, mais, passant au-dessus, tombent dans le massif de pins. Ils eurent pour témoin le brigadier forestier du Biat, qui se tint dans la forêt pendant tout le combat.

Borest reçoit la mitraille et la ferme de M. Duchêne est éventrée par les obus.

A Fontaines, les obus tombent dans le parc du château.

Au-delà de Montépilloy, Baron est atteint du côté de l'est et du côté du nord. Barbery et les fermes de Beaulieu, entre Rully et le centre du secteur, sont saccagées.

L'ordre avait été donné, de notre côté, de cesser le feu à onze heures et demie. Nous l'avons su de source sûre.

Pendant le combat, la Croix-Rouge installée à Saint-Vincent soignait plus de soixante-quinze blessés, de grands blessés, atteints de balles meurtrières. L'ordre de l'évacuer avait été apporté à dix heures et transmis par l'Inspecteur général qui donnait une heure pour ce travail. Le tumulte du combat fit réduire ce délai à vingt-cinq minutes. Les pauvres blessés furent mis dans le train sanitaire, et dans le temps donné le transbordement était effectué.

A ce moment, un officier d'état-major venait dire à l'Inspecteur général que le feu allait cesser à onze heures et demie.

A la cessation du feu, les troupes françaises s'éloignèrent du combat, les batteries de Chamant par la rue de la République, celles de Montlévêque par le Vieux Chemin de Meaux, la Longue Route en forêt et le Pavé Davesne.

Les troupes marocaines, les chasseurs alpins, les soldats des 154e, 276e, 294e, 361e régiments d'infanterie traversèrent la ville, prenant position à sa sortie, sur le périmètre de la forêt de Chantilly.

Les Boches suivaient à une heure près. Dans le secteur, en retraitant, on se battit à Fontaine, devant le château ; les Boches avaient fait irruption, en escaladant le mur du parc. A Borest, des combats eurent lieu dans les entourages murés. Des soldats du 154e soutinrent la lutte ; cent cinquante furent faits prisonniers. Dix-sept Français furent tués dans les enclos et, parmi eux, le vaillant capitaine Toussaint.

Le point de ralliement de l'infanterie était le carrefour de la Croix des Gens d'Armes, en forêt d'Ermenonville.

II. — LE BOMBARDEMENT

Les Boches ont pour tactique, avant le combat, de semer la terreur. Ayant occupé Chamant, ils avaient installé des pièces d'artillerie sur une ligne faisant face à la cathédrale, ayant, à gauche, des bouquets de bois masquant la ville basse. Leurs projectiles décrivaient une parabole comprenant, dans son plan vertical, le clocher, la place Henri-IV, la partie nord de la place de Creil.

L'objectif était donc bien l'église. Des bombes endommagèrent le clocher. Des obus tombèrent sur la toiture. Il y avait peu de monde dans les rues : ceux qui revenaient de l'embarquement des blessés, l'Archiprêtre descendu du clocher, et la colonie qui avait été confiée à l'abbé Cugnières pour s'éloigner de Senlis. L'abbé Cugnières fit la conduite et le ravitaillement de la colonie de soixante membres, avec une sollicitude toute fraternelle.

Un sapeur-pompier venant à la Mairie à l'ordre, fut tué par un obus, sur la place de la Halle.

Les habitants supportèrent avec calme le bombardement, ayant pour abri les caves séculaires. Les bombes tombaient dans les rues du Châtel, aux Fromages, la rue du Chancelier-Guérin, la rue de Meaux, la place de Creil.

Le bombardement cessa à une heure et demie.

Les Boches croyant avoir fait place nette, entrèrent dans la ville par la route nationale, le chemin de Villevert, le boulevard.

Le drame commencé se continue par un acte barbare, dans lequel l'hypocrisie se mêle à la cruauté.

Il est environ deux heures. Le général boche vient à l'Hôtel de Ville. Le Maire est à son poste. Le général le demande.

— Monsieur le Maire, lui dit-il, y a-t-il des soldats français dans votre ville ?

Le Maire répond :

— Notre population est calme. Je ne connais pas les mouvements de troupe, n'ayant pas à les diriger.

Quelle sagesse dans cette réponse ! Quelle hypocrisie dans la demande !

Le général savait, depuis cinq heures du matin, que les troupes françaises se repliaient devant Senlis, et il demande s'il y a des troupes françaises dans la ville ! Il va au combat devant les nôtres, et il demande s'ils sont là !

Le Maire de Senlis à son poste quand on le demande, sa réponse à un langage plein de fourberie, voilà l'auréole qui toujours illuminera le champ des martyrs où sont tombés le premier magistrat de la cité et les six ôtages exécutés, pour que le crime, tout le crime fût consommé.

III. — LA BATAILLE DE SENLIS

A trois heures, l'armée ennemie pénétrait dans Senlis ; elle s'avançait par la rue de la République, coupant la ville du nord au sud, et les rues de Villevert, du Châtel et de Paris, formant un angle avec la précédente et la rejoignant au faubourg Saint-Martin conduisant à l'Hôpital. Les troupes ennemies devaient faire leur jonction au sommet de l'angle.

Les Français avaient pris les dispositions suivantes, décrites par le commandant Fauvart-Bastoul dans le récit de la mort glorieuse de son fils Louis :

« Le régiment qui devait former l'arrière-garde avait cantonné à Senlis, au quartier du 3ᵉ Hussards.

« Le 2 septembre, à cinq heures du matin, le capitaine reçut l'ordre de préparer le cantonnement de la brigade dans une localité au sud de Senlis, assez loin ; il remit donc le commandement à Louis ; il m'écrit : « Je le quittai non sans appréhension « et avec des pressentiments, car je le savais d'une bravoure « folle ».

« Pendant le combat de sa division en avant de Senlis, Louis se retira donc à 800 mètres au sud de Senlis, sur la route de Paris, à un endroit où elle formait une éminence, assurant les vues et un bon champ de tir, à la lisière même de la forêt de Chantilly, à gauche de la forêt d'Ermenonville, à droite de la route qui la sépare seule. Il y fit établir de solides tranchées en échelons, assurant des feux croisés et un bon défilement. La route même fut barricadée et abritait une section de mitrailleuses. L'artillerie était hors d'état d'être employée à cause de la forêt qui ne lui laissait pas de champ de tir suffisamment efficace.

« Ils avaient l'ordre de tenir jusqu'à six heures du soir. Tout était prêt quand la division le traversa en retraite, en bon ordre.

« Les Allemands n'osèrent pénétrer dans Senlis ; la division était écoulée ainsi que le convoi vers deux heures du soir, quand les Allemands fouillèrent Senlis à coups de canon. N'éprouvant aucune riposte, ils entrèrent dans Senlis, occupèrent le faubourg Saint-Martin qui regarde Paris et tentèrent de déboucher. L'infanterie resta masquée, mais les mitrailleuses criblèrent leur tête de colonne qui ne put déboucher.

« Tout disparut. Ils se jetèrent dans les maisons latérales et les jardins et tentèrent de déboucher sur un grand front. Ils furent arrêtés net par une intense fusillade.

« Nouvelle éclipse des Allemands, qui envahirent alors l'Hôpital dont les fenêtres dominaient les tranchées. Quand les renforts furent arrivés, ils tentèrent une sortie en masse. A nouveau les mitrailleuses furent dirigées sur les Allemands.

« A ce moment, des clameurs qui n'avaient rien d'humain, de véritables cris de terreur folle, retentirent du côté de Senlis. Près des tranchées, on aperçut quelque chose d'effroyable : les Allemands avaient arraché de Senlis toute une troupe de femmes et d'enfants qu'il avaient attachés les uns aux autres et qu'ils poussaient devant eux à coups de baïonnette, pour paralyser notre tir, ou tout au moins se faire un rempart de ces corps innocents.

« C'est alors que Louis tomba, frappé d'une balle à la ceinture... ».

Les mitrailleuses battaient l'ennemi sur les deux avancées. Les Allemands, pour se couvrir, à mi-côte de la rue de Paris, prirent la rue transversale reliant les deux voies où ils étaient engagés. Ils font marcher devant eux les Français pris sur leur route, de même que, dans la rue de la République, ils s'avancent précédés d'une ligne de nos concitoyens emmenés brutalement et devant servir de boucliers contre l'attaque.

La bataille se livre avec acharnement devant l'Hôpital. Les ôtages tombent; une petite fille de cinq ans, au rang des ôtages, est frappée d'une balle. M. Victor Dupuis, comptable de l'Hôpital n° 11, après avoir essuyé le feu avec courage sur tout le parcours, parvient, en marchant devant lui, à gagner la forêt, protégé par une ligne de peupliers bordant le chemin. Un officier allemand et son cheval sont tués, soixante soldats ennemis jonchent le sol. Un chef blessé entre à l'Hôpital, tue sur les marches d'entrée un hospitalisé. La cloche de la maison sonne l'alarme. L'Allemand devient fou furieux. La Supérieure s'avance près de lui, le prend par le bras et le contraint à monter dans les salles. A ce moment, un blessé français descendait l'escalier. L'officier braque sur lui son arme, mais la sœur, de sa main, la lui fait abattre.

Dans la salle, deux Allemands sont soignés parmi les blessés français. Ils disent la charité, le dévouement des sœurs. La fureur du chef paraît tomber. Il fait laver sa plaie, demande du cognac et se couche. Les murs de la salle sont tapissés d'empreintes de balles qu'ont envoyées les mitrailleuses des deux camps. Une balle a traversé le lit d'un blessé et la sœur reste à son chevet pour continuer les secours.

Le mur exposé à l'est est criblé de mitraille, à l'exception d'un mètre carré où se trouvent le Christ et l'Image de la Vierge. Tout autour de cet espace, les balles forment une auréole.

Comme au Golgotha, de saintes femmes de Saint-Vincent-de-Paul sont là devant l'image du Christ, que le fer a respectée.

Les cornettes blanches dans ce milieu, les blessés dans leurs lits, la pluie de balles, le Christ dominant tout, n'est-ce pas la charité, le martyre, le fait providentiel réunis pour montrer ce que donnent l'âme des humbles, la résignation, la toute puissance de Dieu! L'Hospice, après cette scène, fût vite envahi. L'aumônier, l'abbé Cavillon, était à son poste, courageux et brave. Plusieurs fois, il fut menacé.

Dût l'humilité des filles de la Charité souffrir de ce relief, les cœurs français le doivent connaitre pour que le Père Vincent, en regard de ce trait émouvant, obtienne de la Miséricorde le pardon et le salut.

Une mitrailleuse avait été placée dans l'une des cours de l'Hôpital. Elle fut retirée. La sérénité d'âme de la Supérieure avait obtenu ce résultat.

Après la bataille, le feu fit son œuvre. Sur un parcours de un kilomètre, les barbares mettent le feu. Le pétrole, les grenades, les bombes incendiaires sont entre les mains de sauvages qui, semblables à ces hordes mises en œuvre par Néron, sèment leurs sinistres flammes.

Ce n'est partout qu'un crépitement de murs qui s'affaissent, des poutres qui tombent, et pour éclairer ces horreurs des gerbes de feu s'élancent vers le ciel.

Pendant que le dernier cycle du drame infernal se dessine dans les flammes, les infirmières de la Croix-Rouge, peu nombreuses, sont au chevet des blessés; les sœurs de charité, qui n'ont pas interrompu un seul instant leur labeur bienfaisant, s'inclinent avec plus d'âme encore vers les pauvres victimes des combats.

Le feu ne cesse de grandir.

Allumez, barbares, dans les demeures paisibles, vos torches d'incendie; la lueur sinistre reflète le crime. La lumière qui dans nos hôpitaux éclaire le dévouement des humbles, vient de celui qui donnera aux Francs, comme à Tolbiac, le salut de la France, dans la foi suppliante.

La bataille de la Marne, à laquelle se rendaient nos combattants de Senlis, en est le sûr garant.

PENDANT LA BATAILLE — APRÈS LA BATAILLE

Pendant la bataille, les habitants de Senlis, restés pour se rendre utiles dans l'épreuve et ne pas déserter le poste au moment du danger, avaient trouvé, pour la plupart, dans les habitations souterraines, une protection efficace. Les artisans, les pauvres gens occupant de petites maisons d'ouvriers, dont les murs et les planchers ne pouvaient servir de boucliers, se réfugièrent à Saint-Vincent, la maison ouverte à toutes les infortunes. M. l'abbé Conen, supérieur de Saint-Vincent, et M. l'abbé Bresson, directeur de l'Institution, étaient dans l'antique demeure. Ils avaient donné à l'Hôpital auxiliaire n° 11 la maison de Saint-Louis, et grâce à cette offre généreuse, la Croix-Rouge s'y était établie, avec le concours du docteur Ader, de deux religieuses de Saint-Joseph de Cluny, des religieuses de Saint-Vincent et de quelques dames profondément dévouées. Plus de soixante-quinze blessés, venus la veille du combat, étaient soignés avec la plus grande sollicitude.

La maison de Saint-Louis ayant été donnée aux blessés militaires, le sous-sol de Saint-Vincent fut le refuge des pauvres. Plus de cent cinquante, venant de Senlis, de Barbery, de Verberie, des pays occupés, demeurèrent là abrités, nourris, réconfortés, pendant les deux jours que dura l'orage. Il ne resta plus ensuite que les pauvres de l'extérieur qui, n'ayant plus de foyer chez eux, trouvèrent dans la vieille demeure une sollicitude toute paternelle.

Les blessés de la Croix-Rouge avaient été évacués, avons-nous dit, le jour du combat. Les grands blessés, faute de temps pour les accommoder dans les voitures, furent placés dans les wagons, avec les matelas et les brancards de transport.

Le lendemain et le surlendemain de la bataille, ils furent vite remplacés. Un grand nombre de blessés gisaient dans les bois, en plaine et dans les faubourgs. M. le Supérieur de Saint-Vincent, M. Sainte-Beuve et M. le baron de Maricourt se mirent à leur recherche, et la Croix-Rouge vit promptement tous ses lits occupés.

M. le Supérieur et M. le Directeur se prodiguaient, jour et nuit, près de ces enfants.

Les blessés restèrent à la Croix-Rouge pendant tout le mois de septembre. Un jour vint l'ordre d'évacuation. On alla porter les pauvres malades au train sanitaire. Beaucoup témoignèrent, dans leurs lettres, du souvenir qu'ils avaient emporté de la maison les ayant abrités.

La Croix-Rouge ne reprit son service que le 17 décembre. Elle a lieu d'être satisfaite de son œuvre, conduite dans les jours périlleux. Elle a un profond sentiment de reconnaissance pour la maison de Saint-Vincent ayant donné asile à sa grande entreprise de charité, pour les bonnes sœurs que les petits soldats de France et d'Algérie n'oublieront jamais, pour les jeunes filles qui, toutes, ont travaillé en cette ruche, où chacune apportait avec tant de grâce le meilleur d'elle-même, pour soulager et guérir.

Après le combat, le meurtre, l'incendie, il y eut des larmes à contenir, des devoirs à remplir, des misères à secourir.

Ceux qui restèrent à Senlis s'employèrent à ces choses, tâche immense, pleine d'angoisses, de serrements de cœur et de généreuses explosions. Les adjoints, MM. Gaston de Parseval et Robert, se donnèrent pleinement pour les besoins de la cité.

Le grand et pieux devoir était de s'incliner avec respect devant le lieu du crime où le premier magistrat de la cité fut exécuté, et de ramener au champ du repos la noble victime. Ce fut un jour d'octobre. Autour d'un tertre qui reçut le sang du martyr, les adjoints, l'archiprêtre, quelques conseillers municipaux et un petit groupe de fidèles, se pressaient en proie à une vive étreinte.

La voiture prit les restes bénis de la chère victime, et tous, muets d'émotion, suivirent, sur un parcours de trois kilomètres, le chemin de la Croix que traçait le convoi.

Inoubliable journée d'agonie, marche funèbre que Dieu

éclaira de son soleil, pour rendre plus purs et plus vibrants les souvenirs.

Quelques semaines plus tard, les ôtages furent ramenés à Senlis, et c'est au cimetière que se trouvent tous ceux qui ont trouvé la mort pour satisfaire à la cruauté des barbares.

Chacun, en regard de ces sanglants sacrifices, fit en lui-même la promesse d'apporter au soulagement de toutes les victimes, cette passion du bien que font naitre dans les cœurs des événements si poignants.

La Ville fit de larges distributions. La Conférence des Pauvres et les Sociétés de secours se donnèrent à leur mission. Le fourneau s'alluma le 1ᵉʳ août pour ne s'éteindre qu'en avril. Les pauvres ont été secourus.

Les grandes douleurs, portées si dignement, ne sont pas allégées.

Les ruines autour desquelles, chaque semaine, des visiteurs apportent leur tribut de curiosité et de pitié, demeurent debout, pour montrer ce que l'orgueil dément peut infliger d'outrages impies aux nobles lois de l'Humanité.

Tous ces faits n'ont pu inspirer une pensée fugitive. Pour ceux qui ne sont plus l'encens, des autels a fait monter vers Dieu les voix suppliantes, semblables à celles qui, dans la cathédrale de Metz, ont détourné l'âme de Colette Baudoche de la compromission germaine.

Les dévouements de ceux qui restent ont eu leur récompense, les uns en voyant leurs mérites reconnus, les autres en faisant cortége au malheur pour en atténuer les effets.

La croix qui s'élève au chemin des Rouliers, rappelle la tenue héroïque des artilleurs de France; celle du champ des martyrs redit qu'en regard du grand sacrifice, Senlis, comme Péronne, pourrait porter en ses armes la croix de celui qui l'a tant méritée.

Léon FAUTRAT.